LETTRES

AUX PAYSANS

<table>
<tr><td>I Gardez la République.</td><td>IV L'ignorance.</td></tr>
<tr><td>II L'impôt du sang.</td><td>V Les chenilles et les rois.</td></tr>
<tr><td>III L'impôt sur le revenu.</td><td>VI Le suffrage universel.</td></tr>
</table>

PAR

M. Charles JOBEY

Rédacteur en chef du Morvan.

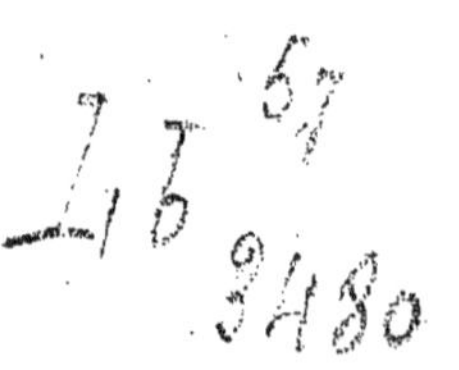

EN VENTE:

Aux bureaux du *Morvan*, et chez M. Duployer,

imprimeur-libraire, à Autun

(Saône-et-Loire)

AMIS LECTEURS

Lisez ces pages écrites exprès pour vous, lisez les attentivement, et vous comprendrez bien vite que c'est un ami, un bon Français qui vous parle.

Depuis des centaines, des milliers d'années ; que vous ayiez été esclaves, serfs, manants ou paysans, vous avez toujours ignoré votre force ; c'est pour cela que ceux qui la connaissaient, en ont abusé contre vous-mêmes, ont vécu de vous.

Votre plus grand ennemi, c'est l'*ignorance!* Ecoutez donc avec attention ceux qui cherchent à vous instruire ; — ils ne vous veulent que du bien ; — Fermez l'oreille aux propos des gens qui prétendent que vous en saurez toujours assez ; — ils ne vous veulent que du mal.

I

GARDEZ LA RÉPUBLIQUE

C'est aujourd'hui dimanche, pendant que vos bêtes se reposent de leurs fatigues de la semaine, vous quittez le logis, un bâton à la main, pour aller voir dans les champs si la terre est en amour, si les blés se garnissent, si la sève monte. — C'est votre distraction, votre plaisir, votre récompense de voir pousser tout cela au renouveau, en attendant le moment où il vous faudra prendre la faulx pour abattre et rentrer vos récoltes.

J'entends dire que l'année ne sera pas trop mauvaise ; qu'elle nous aidera à réparer un peu les deux années désastreuses que nous venons de passer.

Un peu de bonheur après tant de malheur arrivera fort à propos, mais ce qu'il y a de fâcheux, les amis, c'est que pendant longemps encore, il nous faudra beaucoup travailler pour le roi de Prusse. — Hélas ! oui, le plus clair de notre travail, à nous tous paysans, ouvriers, bourgeois, servira à payer les frais de la guerre insensée déclarée à l'Allemagne par Napoléon III.

Vous n'oublierez jamais que cet empereur que vous avez tant aimé, est seul cause de notre ruine, de la misère publique et des gros impôts qu'il nous faut payer aujourd'hui.

Vous n'oublierez jamais qu'il a été faire tuer inutilement des milliers de vos enfants, qu'on a enterrés par tous pays, et qui pourrissent au milieu de nos bois et de nos plaines.

Vous n'oublierez pas non plus qu'il y en a des milliers d'autres, revenus chez eux estropiés, avec des bras et des jambes de moins, et par conséquent incapables aujourd'hui de gagner leur vie.

En admettant que nous vivions en paix, et en travaillant toujours, il nous faudra vingt ans pour réparer nos malheurs et relever nos ruines.

La République seule peut nous donner la paix et la tranquillité dont nous avons besoin ; et comprenez bien que si la République tombait aujourd'hui, nous ne nous relèverions jamais; c'est assez vous dire que vous devez la garder, l'aimer, la défendre, la soutenir de toutes vos forces : La République ! c'est notre salut à tous.

Au surplus voici dix-huit mois que nous l'avons, la République, et vous avez assez de jugement et de bon sens pour vous apercevoir qu'on vous avait dit, dans le temps, contre elle, beaucoup de mal qu'elle ne mérite pas.

Les gens de l'empire qui volaient vos gros sous, à votre nez et à votre barbe, vous répétaient sans cesse : « méfiez-vous des républicains, des rouges, des partageux !
» ne votez pas pour ces brigands-là ou vous êtes perdus ! Ils prendront votre bien, votre femme, vos petiots, ils tueront, saccageront tout et ne vous laisseront que les yeux pour pleurer. »

Et vous autres, braves gens, vous avez cru cela dur comme fer. — Eh bien, qu'en dites-vous aujourd'hui ! qu'est-ce que les républicains vous ont pris ? qu'est-ce qu'ils vous ont tué ? Rien du tout. — Vous voyez bien qu'on vous disait un tas de mensonges.

Il y en a d'autres qui vous ont gratté où ça vous demange le plus, car, entre nous, vous êtes un brin avaricieux, un brin tireliards, pas vrai ? Ces gens-là vous ont conté une foule de sottises et de balivernes :

« Méfiez-vous, bonnes gens, disaient-ils, la Répu-
» blique va tuer l'agriculture, le commerce ; vous ne
» vendrez plus votre blé, votre vin, vos bestiaux, vos
» denrées, comme sous Napoléon ! où vous les vendiez
» la peau et les os, aux prix que vous vouliez ; — vous
» allez tomber dans la dernière des misères ce sera
» l'abomination de la désolation partout le pays de
» France. »

Eh bien, est-ce vrai tout cela ? est-ce que votre blé se vend moins cher que dans le temps du gars de Sedan, est-ce que vos bestiaux, votre vin, votre beurre, vos œufs, vos pommes de terre, vos fruits n'atteignent pas les plus haut prix ? est-ce que votre sac aux écus ne s'emplit pas encore plus vite et mieux que sous l'empire? si vous disiez le contraire vous ne seriez pas des hommes de bonne foi. —

Allez, allez les amis, gardez la République, puisqu'elle est faite, et n'écoutez pas ceux qui vous disent de changer la lame de votre couteau puisque celle que vous avez est bonne et solide. — Finalement, gardez la République, ayez confiance et ne vous inquiétez pas des gens qui voudraient la renverser pour mettre un roi ou un empereur à sa place. — Rappelez-vous sans cesse que ces mendiants là, n'ont d'autre souci que de vivre encore à vos dépens sans rien faire. — Aujourd'hui il faut que chacun travaille pour gagner sa vie. — Ceux qui ne voudront pas travailler crèveront de faim : — Il n'y aura pas grand mal à cela.

II

L'IMPOT DU SANG.

Dites donc, les amis, nous allons nous occuper aujourd'hui de la loi militaire, dont le rapport vient d'être présenté à la chambre de Versailles.

La loi militaire, d'aucuns disent *l'impôt du sang !* vous concerne particulièrement, parce que c'est vous et vos enfants qui avez l'habitude de payer les sept huitièmes de ce terrible impôt.

Il est grand temps que chacun en paie sa part et, si vous voulez m'en croire, vous ferez bien d'en parler dans ce sens à vos mandataires, chaque fois qu'ils viendront prendre l'air du pays.

J'ai dans l'idée qu'ils reviendront sous peu vous visiter ; vous les verrez encore entrer de porte en porte, serrer vos mains calleuses dans leurs mains blanches, vous parler beau, complimenter votre femme, caliner les petiots, vous promettre à tous plus de beurre que de pain.... — Ah ! dame, c'est que vos mandataires ont le nez long, ils songent aux élections à venir et à recruter le plus de voix possibles ; méfiez-vous, les amis, rappelez-vous que promesses d'enfant, ou de représentant, s'en vont au vent, aussitôt qu'ils ont le dos tourné.

Ces gens-là ont besoin de vous, croyez-le bien, en ce cas, mettez-les au pied du mur et dites leur carrément :

Eh bien, monsieur notre député, puisque vous avez de si bonnes intentions à notre égard, que vous voulez défendre nos intérêts comme s'ils étaient les vôtres ; faites-nous donc une bonne loi militaire, égale pour tous, sans exemption pour personne ; que les petits, les gros, les riches et les pauvres soient tous soldats, comme en Prusse, en Suisse, aux Etats-Unis, ; comme tout le monde le sera bientôt en Russie, en Italie, en Autriche et en Espagne : — Quand il s'agit de défendre son pays, il faut que tout le monde ait un fusil entre les mains et sache s'en servir.

Plus d'exemption, excepté pour les estropiés et les infirmes ; plus de *remplacements* militaires surtout, car c'est une honte, une lâcheté. — Il faut en effet qu'un homme n'ait guère de cœur au ventre, pour acheter à prix d'or un autre homme qui ira se faire tuer, casser une patte ou abattre une aile à sa place.

Il y a cent ans, la noblesse était fière de tenir seule l'épée, de suivre la carrière des armes ; la bourgeoisie, jalouse alors des privilèges de la noblesse, fit une révolution pour obtenir des droits égaux.

Aujourd'hui, les nobles, et les bourgeois méprisent la gloire, ce qui ne les empêche pas de déclarer la guerre, pour un oui pour un non, mais à condition que ce seront les paysans, les ouvriers qui se battront pour eux : Ils ont peur pour leur peau.

Elle est donc bien précieuse la peau de ces hommes dégénérés, pour qu'ils craignent tant de la faire trouer par une balle, un coup de baïonnette ou un éclat d'obus.

Chacun pour tous ! nous le voulons bien, M. notre député ; mais dites à vos amis de la Chambre, gentilshommes ou bourgeois, que nous ne voulons plus vendre nos enfants, robustes et bien bâtis, pour remplacer au régiment leurs *petits crevés*, scrofuleux et goîtreux ; que nous ne voulons plus, nous autres pauvres gens, vivant de notre travail, défendre tous seuls les propriétés des riches, vivant à rien faire ; nous voulons au contraire que tout le monde s'en mêle, que chacun aide à défendre le bien de chacun, et que tout le monde défende la patrie ! le bien de tous.

Finalement, M. notre député, puisqu'il s'agit de payer *l'impôt du sang !* que le nôtre est aussi précieux, aussi chaud, aussi rouge que celui des bourgeois, nous voulons que les bourgeois paient comme nous, *l'impôt du sang !* C'est notre dernier mot.

III

L'IMPOT SUR LE REVENU.

Savez-vous, les amis, ce qu'on appelle les classes *gouvernementales* et *dirigeantes ?*

Il m'est avis que vous ne vous rendez pas très bien

compte de la valeur de ces deux mots, — En tout cas, je vais essayer de vous expliquer cela le mieux possible.

Pour conduire vos bœufs à la charrue, vous employez l'aiguillon ; pour conduire vos moutons au pâturage, vous employez vos chiens ; pour conduire vos cochons à la foire, vous employez votre fouet et aussi vos chiens, n'est-ce pas ? Dans toutes les occasions, enfin, où vous gouvernez, où vous conduisez vos bêtes, à votre fantaisie, vous montrez que vous avez plus d'intelligence, plus d'esprit qu'elles ; que vous êtes, vis-à-vis d'elles, la classe supérieure, la classe dirigeante.

A présent, vous avez compris ce que c'est que les classes *gouvernementales* et *dirigeantes*, n'est-ce pas ? Je n'ai pas besoin de vous en dire davantage.

Eh bien, si vous marchez sur vos deux pieds, si vous êtes des hommes, en un mot, vous ne devez plus vous laisser mener par d'autres hommes comme des bestiaux.

Même sans instruction, ne sachant ni lire ni écrire, vous avez pour vous le bon sens, le raisonnement ; il faut donc vous en servir pour résister aux gens qui abusent depuis si longtemps de votre indifférence et de votre simplicité.

A toujours travailler et payer, comme vous le faites, on finit par se casser les reins. Quand on sent que la charge devient trop lourde, c'est le moment de songer à en mettre une partie sur les épaules de ceux qui se promènent toute l'année les bras balans.

Depuis deux ans, sans remonter plus loin, les classes *gouvernementales* vous ont fait faire assez de sottises pour que la leçon vous profite.

La première, vous devez vous le rappeler, c'est celle du fameux plébiscite du 8 mai 1870. Les préfets, sous-préfets, juges de paix, commissaires de police, gendarmes, agents-voyers, maires, gardes-champêtres, etc., représentant les aiguillons, les chiens, les fouets, avec lesquels on vous conduisait sous l'Empire, vous menèrent voter par troupeaux.

Ils vous firent voter *Oui*, parce que c'était, disaient-ils, voter pour la *paix*, l'ordre, le beau temps et l'abondance pour tout le pays : Vous savez ce qu'il est résulté ?

Le 8 février 1871, les Prussiens étant en France, en train de tout égorger, brûler, voler, s'accager, vous avez fait une nouvelle sottise en écoutant encore les conseils des classes *gouvernementales*.

Vous avez voté comme elles vous l'ont dit, et, aussitôt nous avons vu sortir de tous côtés, des gens qui se cachaient depuis trente et quarante ans dans de vieux donjons, de vieux colombiers, comme des hiboux, des putois, et des belettes : — Quelle mauvaise idée vous avez eue là, les amis, et que de mal vous aurez à renvoyer ces gens-là dans leurs trous.

Les hommes que vous avez nommés vos représentants, mais qui ne représentent qu'eux-mêmes, sachez le bien, ont commencé par signer une paix honteuse et coûteuse avec les Prussiens. Puis, immédiatement, ils se sont mis à fouiller, des deux mains dans vos poches, pour vous faire payer les dégâts et les pots cassés par leur faute. Car ne perdez jamais de vue que c'est par la faute des classes *dirigeantes*, que les Prussiens sont venus en France, que ce sont elles qui ont amené nos malheurs et nos désastres, puisque ce sont elles qui gouvernaient le pays et non pas vous.

Eh bien, vos jolis mandataires, vos honnêtes représentants monarchistes, qui aiment tant le paysan pourvu qu'il paie toujours, se sont arrangés de façon à ne rien payer du tout pour leur compte aux Prussiens.

Ils vous ont écrasé d'impôts, absolument insignifiants pour ceux qui sont très riches. Ainsi, que leur fait l'impôt sur le pain, la viande, le vin, les boissons, le combustible, le tabac, les allumettes, rien du tout n'est-ce pas ? tandis que pour vous tous, c'est la gêne, la misère.

Ce que vos représentants, auraient dû faire, en bonne conscience, c'eût été de s'imposer à eux-mêmes des privations, de faire quelques sacrifices personnels, de rogner quelque chose de leurs immenses richesses ; ils s'en sont bien gardés.

Les classes *dirigeantes, gouvernementales* ont les côtes en long, comme les loups, et comme eux, aussi, ils ont horreur du travail. — Vous ne pouvez pas les obliger à travailler, comme vous, puisqu'elles ont un gros *revenu* pour vivre à ne rien faire ; mais vous pouvez leur demander d'imposer le *revenu*, dont elles vivent, de quelques centaines de francs, et ce sera justice !

Vos représentants ont mis des impôts de tous genres, sur le travail et les travailleurs, vous devez exiger d'eux qu'ils en mettent un sur la fainéantise et les paresseux.

IV

L'IGNORANCE.

L'instruction *primaire, laïque, gratuite et obligatoire,* est la question la plus sérieuse dont nous ayions à nous occuper en ce moment ; car, au fond, il s'agit de la régénération ou de l'anéantissement de notre pays.

Vous ne comprenez peut-être pas tous, les amis, les mots *instruction laïque ?* Eh bien, cela veut dire que « **M.** le curé, les frères et les sœurs », n'ont point à fourrer leur nez dans cette instruction-là, — cela regarde seulement le maître et la maîtresse d'école, l'instituteur et l'institutrice : c'est compris, n'est-ce pas ?

Vous ne vous douteriez jamais, les amis, qu'il existe des départements en France où, à l'époque du tirage pour la conscription, on constate que soixante conscrits sur cent ne savent ni lire, ni écrire : c'est humiliant, honteux, n'est-ce pas ?

Non-seulement, c'est honteux, mais au temps où nous vivons, l'ignorance est un crime qui fait descendre l'homme au niveau de la brute.

Aujourd'hui, celui qui ne sait ni lire, ni écrire, ni compter, devient la dupe d'hommes pervers qui en savent plus que lui, et le maintiennent dans cet état de dégradation morale, afin de pouvoir le gouverner comme un être inférieur, comme un esclave.

La guerre effroyable dont nous avons été les victimes n'aurait pas eu lieu, si notre ignorance ne nous avait livrés pieds et points liés, pendant dix-huit ans, au misérable coquin, artisan de tous nos malheurs.

N'oubliez pas non plus, que si nous avons été vaincus par les Allemands, c'est que les Allemands sont moins ignorants que nous.

Notez aussi, les amis, que voici cent ans et plus que l'instruction *primaire* est *obligatoire* en Allemagne. — Oui, cent ans !

Tenez, écoutez ce qu'écrivait à ce sujet en 1770, un Français, nommé Diderot, natif de Langres, pays encore occupé aujourd'hui par ces maudits Prussiens :

« En Allemagne, écrit-il, on envoie d'abord les en-
» fants aux écoles à lire. Les unes de ces écoles sont
» pour les garçons, les autres pour les filles. Quand
» un enfant sait parfaitement lire, on l'envoie à l'école
» à écrire et à compter. On y apprend que les règles
» de l'arithmétique; mais suffisamment pour qu'un en-
» fant au sortir de ces écoles, sache tous les calculs né-
» cessaires dans le courant de la vie, et soit même en
» état d'apprendre les calculs les plus compliqués
» des marchands et négociants. Ces basses classes sont
» pour le peuple en général, parce que depuis le pre-
» mier ministre jusqu'au dernier *paysan*, il est bon
» que chacun sache lire, écrire et compter. Aussi dans
» les pays *protestants*, il n'y a pas de village, quelque
» chétif qu'il soit, qu'il n'ait son maître d'école; et
» point de villageois, de quelque classe qu'il soit, qui
» ne sache lire, écrire et un peu compter. »

Voilà, les amis, ce qu'écrivait Diderot à son retour de Russie, en 1770, je vous le répète.

Il s'en faut de beaucoup, vous le voyez, que nous soyons à la hauteur des Allemands. — Hélas! je les ai vus de près, l'an dernier en Normandie. — Beaucoup d'entre eux parlaient un peu français, mais tous avaient dans leur sac un petit livre imprimé moitié en allemand, moitié en français, et chaque fois qu'ils se trouvaient embarrassés, ils atteignaient leur petit livre et mettaient le doigt sur la question qu'ils avaient à vous faire. — Vous l'avouerais-je, les amis ? Eh bien, je ne pouvais m'empêcher de convenir, à part moi, que ces gens-là sont plus avancés que nous; et je rougissais jusqu'aux deux oreilles, lorsque je les voyais s'adresser à l'un des nôtres, ouvrier ou paysan, et lui mettre sous le nez leur diable de petit livre, où il ne voyait que du feu : J'en étais humilié pour lui et mon pays.

Dites-donc, les amis, est-ce que cela ne vous produit pas le même effet qu'à moi ! quand vous voyez l'un d'entre vous forcé d'avouer qu'il ne sait ni lire, ni écrire, qu'il ne connaît ni A, ni B ?

Par exemple, lorsqu'il entre dans la salle de la mairie pour se marier, déclarer une naissance, un décès, et qu'il est obligé d'avouer, devant ses témoins et M. le maire, qu'il ne sait pas signer son nom. — Est-ce que vous ne pensez pas qu'un homme est amoindri quand M. le maire dit à son secrétaire : Ecrivez qu'un tel ayant déclaré ne savoir signer a fait sa croix ? faire sa croix !! pour moi, et pour bien d'autres, c'est comme si l'on posait publiquement sur la tête de cet ignorant un *bonnet d'âne*.

Notez encore, que dans les affaires sérieuses, commerciales ou de famille, l'homme qui ne sait ni lire, ni écrire, ne se rend compte de rien, risque d'être trompé, de ruiner sa femme, ses enfants et lui-même.

Sous tous les rapports, l'ignorance est donc dangereuse. Croyez-moi, les amis, envoyez vos enfants à l'école; réclamez sans cesse à vos conseillers municipaux, à vos conseillers généraux, à vos députés, *l'instruction primaire*, *laïque et obligatoire;* il y va du salut de vos enfants, de votre avenir, et de celui de votre pays!

Persuadez-vous bien que ceux qui prétendent que vous en saurez toujours assez pour conduire vos bœufs et ensemencer votre terre, sont vos ennemis les plus acharnés, les plus perfides. — Ils veulent que vous restiez dans l'ignorance pour vous exploiter tout à leur aise, comme ils l'ont toujours fait, mais comme ils ne pourront plus le faire, si vous gardez la République qui fera enfin de vous des hommes libres et complets.

V

LES CHENILLES ET LES ROIS.

Si vous êtes des gens avisés et soigneux, vous avez dû vous occuper depuis deux mois au moins, d'écheniller vos arbres. L'opération de l'échenillage est des plus importantes; vous ne risquez rien de la continuer avec persévérance, si vous ne voulez pas voir dévorer vos légumes, vos fruits et même périr vos arbres, car les chenilles éclosent cette année de bonne heure, sont nombreuses et méchantes.

Epargnez les oiseaux surtout, car ces pauvres petits travailleurs détruisent pour se nourrir, en cette saison, une quantité de chenilles dont vous ne vous faites pas idée. — Au reste, vous pouvez vous en rendre compte, à peu près, en les voyant travailler du bec, toute la sainte journée, pour nourrir leurs petits et eux-mêmes.

Pourtant, malgré leurs soins et les vôtres les dégâts causés en France par les insectes, s'élèvent en moyenne à 500 millions de francs par an.

Cinq cents millions de dégâts, causés par les chenilles et les insectes dans le cours d'une année ! cinq cents millions de gaspillés, de perdus comme si nous les jetions aux Prussiens. !

Eh ! bien, les amis, ce n'est rien en comparaison de ce qui pourrait nous arriver si, malheureusement, vous laissiez les monarchistes renverser la République et relever le trône sur lequel ils ont tant envie de faire asseoir un Roi ou un Empereur, n'importe lequel, ça leur est égal.

Méfiez-vous, n'allez pas encore vous y faire pincer, parce que dans la mauvaise passe où nous sommes, s'il vous fallait payer les Prussiens ; nourrir un Roi, y compris sa famille et toute la vermine qui l'entoure ; nourrir aussi les chenilles dont je vous parlais tout à l'heure, vous n'en viendriez jamais à bout, vous succomberiez à la peine ; vous mangeriez vos bœufs, le soc et le coutre de votre charrue, votre faulx et les gonds de votre porte ; il ne vous resterait plus que les yeux pour pleurer votre sottise.

Un roi ! un roi ! mais, bonnes gens, voulez-vous que je vous dise ce que cela coûte, un Roi ?

Tenez, j'ai là, sous les yeux, en écrivant ces lignes, un relevé des registres des finances, établissant le compte exact des sommes payées chaque année, par le Trésor public à Napoléon III, cet empereur que vous avez adoré. — Et cela seulement pour l'entretien de son honorable personne et de sa domesticité, chambellans, écuyers, veneurs, chevaux, chiens, valets, maîtresses en titre, de rechange, de rebut, invalides, etc. Ce compte s'élève juste à la somme de *trente trois millions !!*

Notez bien qu'il n'est question ici que le l'argent qu'il touchait au grand jour, honnêtement, sur quittance au caissier du Trésor ; quant à l'argent qu'il touchait clandestinement, dans l'ombre, au moyen de *virements* et autres moyens déshonnêtes, on peut dire, sans crainte de se tromper, qu'il triplait ainsi ses appointements d'empereur. — Allons, mettons cent millions par an, en tout, et n'en parlons plus.

Ainsi, les amis, voilà un misérable qui mangeait à lui tout seul *cent millions* par an.

C'est-à-dire qu'en calculant à mille francs par an, l'entretien d'un homme sous les drapeaux, ce qui est exagéré, *le capitulard* de Sedan mangeait comme une armée de *cent mille hommes !* ou si vous l'aimez mieux, comme *cent mille maîtres d'école*, qui auraient pu depuis 20 ans, apprendre à lire, à écrire et à compter à vos enfants, et naturellement, nous n'aurions pas aujourd'hui parmi eux tant d'ignorants ; nous ne serions pas obligés de réclamer chaque jour qu'on leur apprenne à lire, à écrire et à compter.

Maintenant, les amis, vous savez le prix que vous a coûté votre empereur, sans compter les dettes criardes qu'il vous a laissées à payer.

Eh bien, si la Chambre de Versailles voulait vous faire changer votre fusil d'épaule, autrement dit, vous offrir un Roi, il vous coûterait absolument le même prix qu'un Empereur.

Tâchez, bonnes gens, de vous fourrer dans la tête que tous les Rois sont affligés de la même maladie ; — la fringale ! ça mange, ça mange, et ça a toujours faim, — on ne les rassasie jamais.

Encore un coup, méfiez-vous des chenilles et des Rois ! Les unes ne valent pas mieux que les autres ; je ne vous dis que ça.

VI

LE SUFFRAGE UNIVERSEL

Autrefois, il n'y avait nulle terre sans Seigneur, nul Seigneur sans terre.

Les grands pères, les pères même, de beaucoup d'entre vous, ont pioché la terre de la noblesse et du clergé; ces pauvres gens attachés à la glèbe, ne trouvaient de repos que quand on les mettait dans un trou, enfouis sous la terre qu'ils cultivaient.

Leurs maîtres les appelaient des manants! ils ne faisaient guère de différence entre eux et les animaux, ils voulaient bien reconnaître que les manants se tenaient debout, marchaient sur deux pieds et ne brouttaient pas l'herbe, mais c'était tout. — En effet, les manants mangeaient du pain, noir et amer comme de la suie, tandis que leurs maîtres mangeaient de la brioche.

Mais on se fatigua à la longue de tant de misère. — La bourgeoisie, les bourgeois, qui composaient alors ce qu'on appelait le Thiers-Etat, firent la Révolution de 1789, la grande *Révolution!* L'Assemblée nationale de ce temps-là, qui valait beaucoup mieux que celle d'aujourd'hui, prétendit que les paysans étaient des hommes et non des bêtes, et elle leur accorda les mêmes droits qu'aux autres hommes.

Le premier usage que les paysans firent de ces droits, ce fut d'acheter les terres de leurs anciens maîtres, qu'ils se mirent à piocher de plus belle et de bon cœur, parce qu'ils piochaient pour leur compte et récoltaient tous les fruits de leur champ.

En 1815, à la rentrée des nobles, vous pensez bien, les amis, que ces gens-là ne virent pas de bon œil, les paysans devenus propriétaires de leurs belles terres, coupées par petits morceaux ; s'ils avaient osé, ils les auraient reprises tout de suite, mais ils ont eu peur des faulx et des fourches ! — Ils ont préféré agir en dessous et de malice ; rabêtir le paysan, pour le déposséder un beau matin, sans qu'il s'en doute; ils ont travaillé comme cela sournoisement pendant quinze ans, et ils étaient sur le point de faire leur coup, en 1830, quand, patatras! une nouvelle Révolution eût lieu, le duc d'Orléans, uni à la bourgeoisie et au peuple de Paris, mirent en trois jours Charles X, son drapeau blanc et toute la barraque sans dessus dessous.

Aussitôt après, le duc d'Orléans, aidé des gros bourgeois, s'empara honnêtement du trône de France, et, tous d'accord ensemble, ils s'arrangèrent de façon à gouverner le pays à leur profit.

Le peuple de Paris et les républicains crièrent : au voleur ! mais Louis-Philippe d'Orléans se fit appeler le *Roi citoyen*, et fit dire par un vieux, nommé Lafayette, qu'il était la *meilleure des Républiques* : Le tour était joué, et l'on flanqua des coups de fusils, à Paris et à Lyon, aux gens qui continuaient de crier.

Pendant dix-huit ans, le Roi citoyen, d'accord avec les *classes éclairées*, exploita celles qui ne le sont pas; en d'autres termes, *cinq cent mille* paresseux se firent nourrir par *trente-cinq millions* de travailleurs.

La démocratie, c'est-à-dire les paysans, les ouvriers, les petits fabricants, les petits marchands, payaient l'impôt sous toutes les formes, y compris celui de la conscription, *l'impôt du sang!* Notez que les paysans n'avaient pas une observation à faire, pas un mot à dire aux cinq cent mille gaillards qui s'arrangeaient de façon à ne rien payer du tout et à toujours manger les plus gros morceaux.

Une mangerie semblable ne pouvait durer éternellement, tout le monde était mécontent, si bien, que le 24 février 1848, les Parisiens emballèrent Louis-Philippe dans un fiacre, proclamèrent la République, et donnèrent à tous les Français le droit de parler et de dire leur avis sur les affaires publiques, en décrétant le *suffrage universel*.

Arrêtons-nous ici, les amis, le temps seulement de rendre justice à vos bienfaiteurs.

Avant 1789, nous avons dit que vos pères étaient un peu plus que des bêtes, *des manants!* taillables et corvéables à merci : la grande Révolution en a fait *des hommes!*

Vous, les enfants, vous en étiez restés là, quand la Révolution de 1848, en vous donnant le *suffrage universel*, a fait de vous des *citoyens!*

Sachez donc, les amis, que quand on est *homme* et *citoyen*, on ne doit plus compter sur l'appui de personne, on doit s'instruire et apprendre à se conduire soi-même ; sachez aussi, qu'avec le *suffrage universel*, on doit prévenir et éviter les malheurs publics, et l'on ne peut plus être malheureux que par sa faute.

C'est votre faute, si vous avez voté au nombre de 6 ou 7 millions pour faire empereur Louis-Napoléon Bonaparte, le plus infâme coquin, le plus grand scélérat des temps modernes.

C'est votre faute, si pendant vingt ans vous avez toujours nommé ses valets, ses flatteurs, ses complices, pour représenter et défendre vos intérêts, auprès de ce misérable.

C'est votre faute, si ce Napoléon III a déclaré la guerre à la Prusse ; s'il a fait tuer inutilement vos enfants ; si le pays est aujourd'hui couvert de ruines et accablé d'impôts.

C'est votre faute, si vous avez nommé la Chambre qui siége en ce moment à Versailles, et qui ne s'occupe pas plus de vos affaires que de celles du grand Turc.

En vérité, il faut que vous soyez encore joliment naïfs, pour avoir nommé une collection de pareils représentants.

Comment avez-vous pu supposer que M. le marquis, M. le duc, M. le comte, M. le vicomte, M. le baron, tels et tels, iraient défendre là-bas vos *intérêts*, sachant que leurs *intérêts*, à eux, sont opposés aux vôtres ? quelle sottise, bon Dieu ! quelle sottise : autant vaudrait voir les moutons demander la protection des loups !

Quels rapports peut-il y avoir entre ce que vous voulez, ce que vous demandez, et ce que veulent, ce que demandent ces gens-là ? Ils ne sont même pas d'accord entre eux sur ce qu'ils veulent, puisqu'ils se disputent, s'injurient tous les jours pour le savoir. — Ce qu'il y a de certain, c'est qu'ils ne veulent pas ce que vous voulez.

L'un, veut vous ramener Henri V, le drapeau blanc, les lys et le reste.

L'autre, veut vous ramener le comte de Paris, ou bien, le duc d'Aumale, ou bien, le prince de Joinville, un roi quelconque enfin, pris dans la famille, en tout *quarante sept* personnes à nourrir, avec le drapeau tricolore et le coq gaulois comme ornement.

L'autre, veut que vous vous jetiez de nouveaux dans les bras de Napoléon III, votre glorieux empereur de *Sedan !* qui reviendrait entouré de ses glorieux généraux, au milieu de ses cent-gardes, portant chacun un drapeau tout neuf, surmonté des vieilles aigles remises par Bazaine au prince Charles, et que Bismarck lui rendrait le jour où il ferait sa rentrée dans Paris.

L'autre, et ce n'est pas le dernier, voudrait vous faire cadeau du prince impérial, ce charmant espiègle qui ramassait si bien des balles sous le feu des prussiens ; — Le petit Louis et sa petite maman pour régente. Le vieux, on le mettrait dans une maison de santé : on le nommerait empereur des *invalides !*

Ce n'est pas là ce que vous voulez, n'est-il pas vrai ? vous n'avez aucun désir de choisir un roi, dans ce tas de détritus de royautés hors de service ? Vous ne voulez plus courir les hasards de nouvelles révolutions, vous voulez un gouvernement stable ; le gouvernement de tout le monde, pour tout le monde, qui vous donne l'ordre, la paix, la sécurité, afin que vous puissiez tranquillement, honnêtement, gagner votre pain et celui de votre famille en travaillant. Eh bien, puisque vous êtes des hommes ! des citoyens ! que vous êtes en un mot le *peuple souverain !* il vous faudra imposer souverainement votre volonté.

Quand le jour viendra, et il viendra bientôt, espérons-le, de la dissolution de la Chambre de Versailles, présentez-vous au scrutin armés de votre bulletin de vote, et au nom de la *République* et du *suffrage universel*, balayez d'un seul coup tous ces faux représentants du peuple, légitimistes, orléanistes, bonapartistes, qui semblent s'être donné la mission d'agiter, de troubler le pays, et de l'empêcher de se relever de ses ruines.

Charles JOBEY.

Autun, imp. Duployer.

AVIS

L'auteur ne se réserve aucuns droits, il autorise, au contraire, tous les journaux, les éditeurs et les imprimeurs de France à reproduire, imprimer, éditer et vendre pour leur compte, les *six Lettres aux Paysans,* contenues dans cette brochure.